Impressum
Verlag: BABADADA GmbH, Nedderfeld 112 , 22529 Hamburg
Geschäftsführer / Verlagsleitung: Harald Hof
Druck: Books on Demand GmbH, In de Tarpen 42, 22848 Norderstedt

Imprint
Publisher: BABADADA GmbH, Nedderfeld 112 , 22529 Hamburg, Germany
Managing Director / Publishing direction: Harald Hof
Print: Books on Demand GmbH, In de Tarpen 42, 22848 Norderstedt

# okul
## 學校

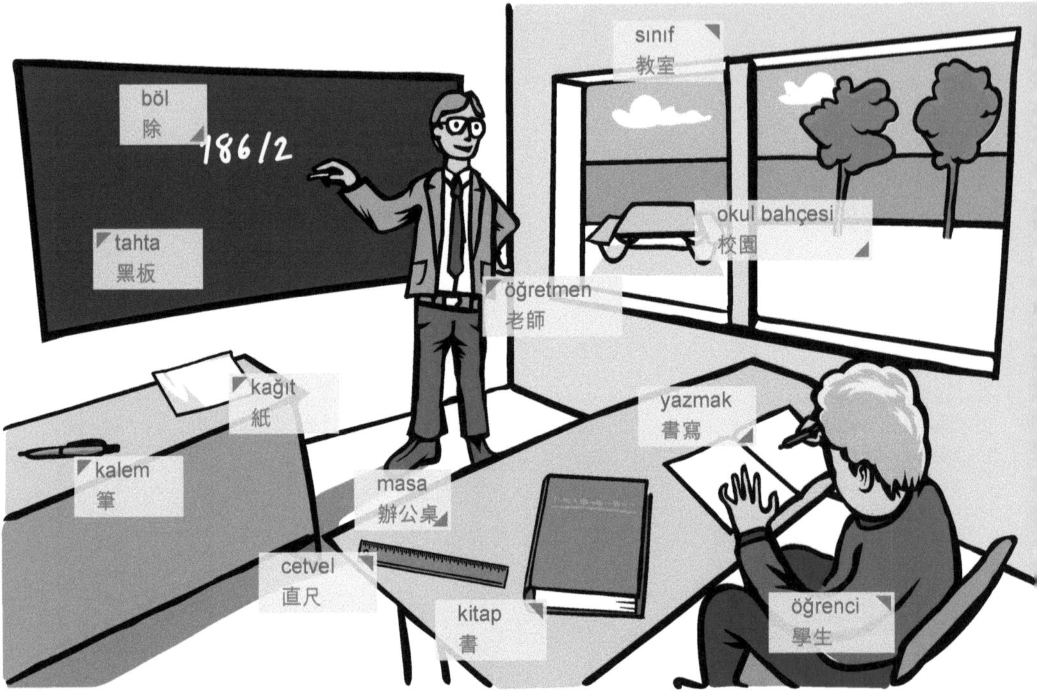
sınıf
教室
böl
除
186/2
tahta
黑板
okul bahçesi
校園
öğretmen
老師
kağıt
紙
yazmak
書寫
kalem
筆
masa
辦公桌
cetvel
直尺
kitap
書
öğrenci
學生

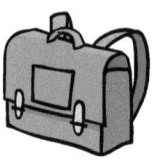

okul çantası
書包

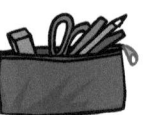

kalemlik
鉛筆盒

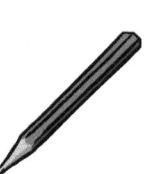

kurşun kalem
鉛筆

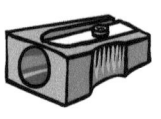

kalem açacağı
削鉛筆機

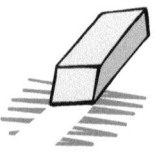

silgi
橡皮擦

çizim defteri
畫板

çizim

圖畫

resim fırçası

畫筆

boya kutusu

顏料盒

makas

剪刀

tutkal

膠水

alıştırma kitabı

練習冊

ödev

家庭作業

sayı

數字

ekle

加

çıkar

減

çarp

乘

hesapla

計算

harf

字母

alfabe

字母表

kelime

字

metin

課文

okumak

讀

tebeşir

粉筆

ders

上課

kayıt

登記

sınav

考試

sertifika

證書

okul forması

校服

eğitim

教育

ansiklopedi

百科全書

üniversite

大學

mikroskop

顯微鏡

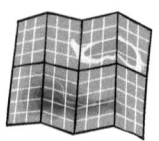

harita

地圖

kağıt çöp kutusu

廢紙簍

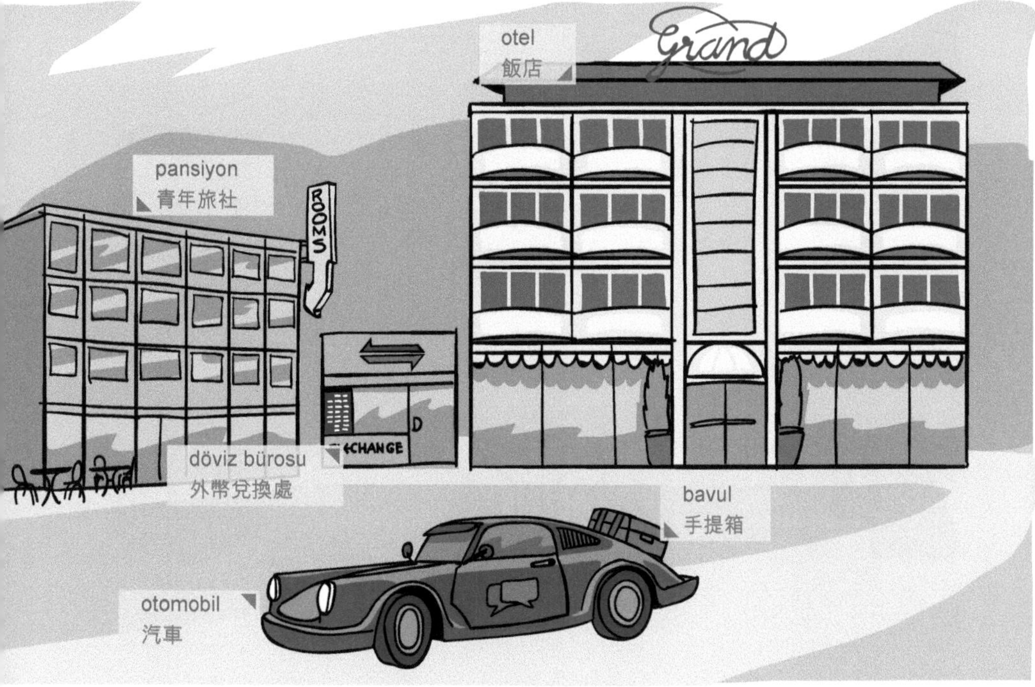

otel
飯店
Grand
pansiyon
青年旅社
ROOMS
döviz bürosu
外幣兌換處
CHANGE
bavul
手提箱
otomobil
汽車

dil
語言

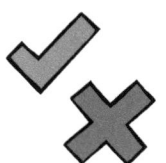

evet / hayır
是/否

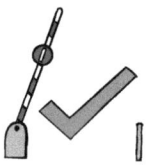

Tamam
好的

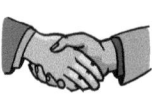

merhaba
您好

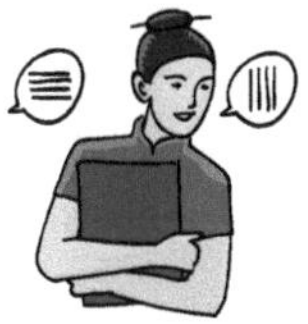

çevirmen
翻譯人員

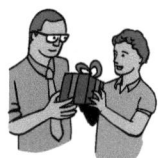

Teşekkür ederim
謝謝

bu ... ne kadar?

......多少錢？

anlamadım

我不明白

problem

問題

İyi akşamlar!

晚上好！

Günaydın!

早上好！

İyi geceler!

晚安！

güle güle

再見

yön

方向

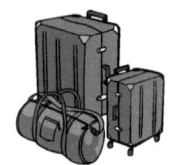

bagaj

行李

çanta

包

sırt çantası

背包

misafir

客人

oda

房間

uyku tulumu

睡袋

çadır

帳篷

turist danışma

旅行資訊

sahil

海灘

kredi kartı

信用卡

kahvaltı

早餐

öğle yemeği

午餐

akşam yemeği

晚餐

Bilet

票

asansör

電梯

pul

郵票

sınır

邊界

gümrük

海關

elçilik

大使館

vize

簽證

pasaport

護照

seyahat - 旅行

# ulaşım
## 交通運送

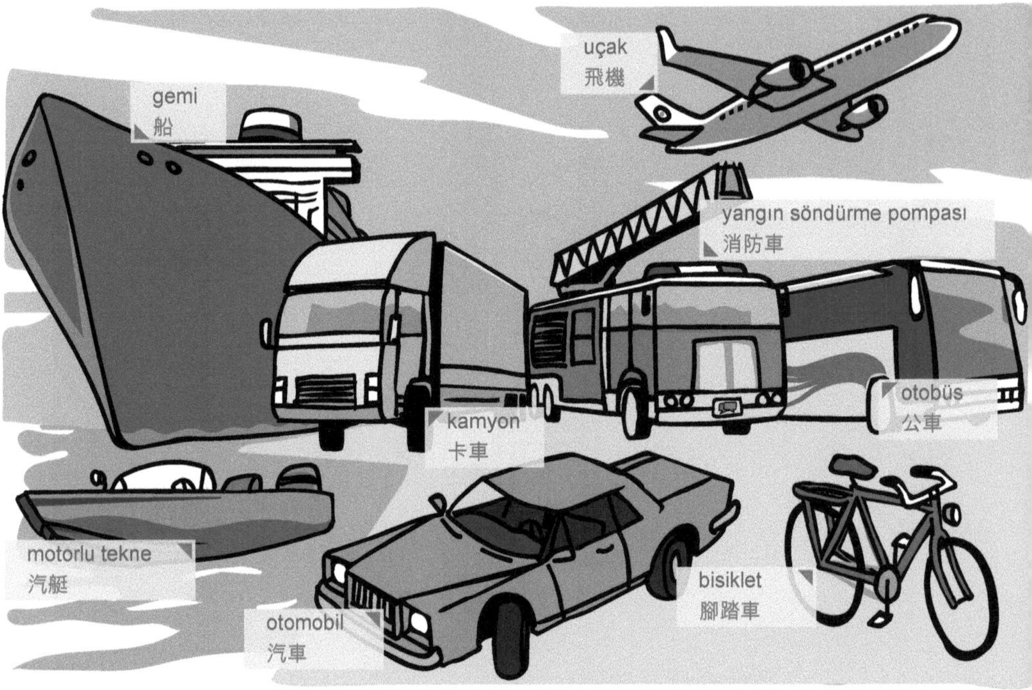

uçak
飛機
gemi
船
yangın söndürme pompası
消防車
otobüs
公車
kamyon
卡車
motorlu tekne
汽艇
bisiklet
腳踏車
otomobil
汽車


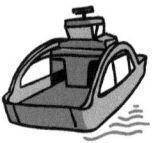

feribot
渡輪

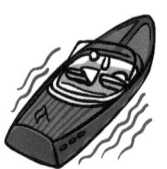

bot
小船

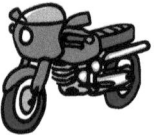

motosiklet
機車

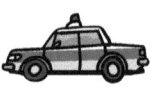

polis arabası
警車

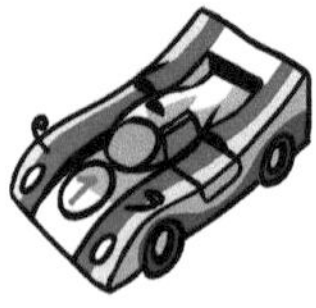

yarış arabası
賽車

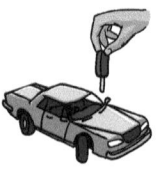

kiralık araba
租車

**ortak araba**

拼車

**çekici**

拖車

**çöp kamyonu**

垃圾車

**motor**

馬達

**yakıt**

汽油

**benzinlik**

加油站

**trafik işareti**

交通標識

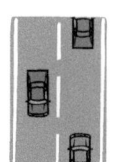

**trafik**

交通

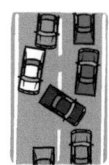

**trafik sıkışıklığı**

交通堵塞

**otopark**

停車場

**tren istasyonu**

火車站

**ray**

軌道

**tren**

火車

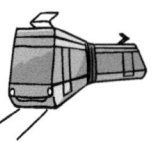

**tramvay**

路面電車

**vagon**

客車廂

helikopter

直升機

havaalanı

機場

kule

塔

yolcu

乘客

konteyner

集裝箱

koli

紙板箱

yük arabası

手推車

sepet

籃子

kalkış / iniş

起飛/降落

## şehir
## 城市

köy

村莊

şehir merkezi

市中心

ev

房子

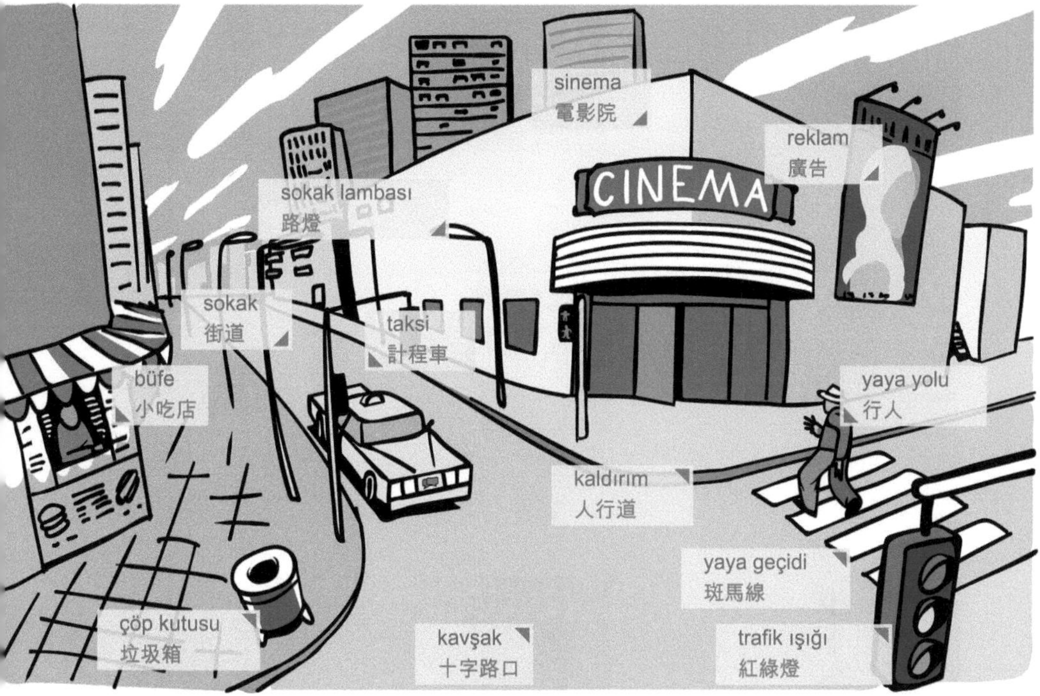

sinema
電影院
reklam
廣告
CINEMA
sokak lambası
路燈
sokak
街道
taksi
計程車
büfe
小吃店
yaya yolu
行人
kaldırım
人行道
yaya geçidi
斑馬線
çöp kutusu
垃圾箱
kavşak
十字路口
trafik ışığı
紅綠燈


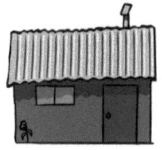

kulübe

小屋

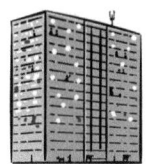

apartman dairesi

公寓

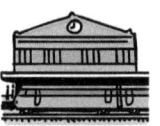

tren istasyonu

火車站

belediye binası

市政廳

MUSEUM


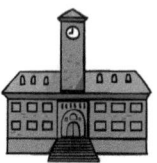

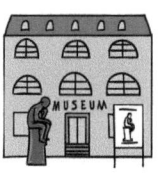

müze

博物館

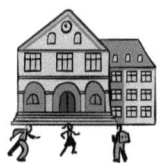

okul

學校

üniversite

大學

banka

銀行

hastane

醫院

otel

飯店

eczane

藥房

ofis

辦公室

kitapçı

書店

mağaza

商店

çiçekçi

花店

süpermarket

超市

market

市場

büyük mağaza

百貨商店

balık satıcısı

魚店

alışveriş merkezi

購物中心

liman

海港

park

公園

bank

長凳

köprü

橋

merdiven

樓梯

metro

捷運

tünel

隧道

otobüs durağı

公車站

bar

酒吧

restoran

餐館

posta kutusu

郵筒

sokak tabelası

路標

otopark sayacı

停車計時器

hayvanat bahçesi

動物園

yüzme havuzu

游泳池

cami

清真寺

çiftlik

農場

kirlilik

污染

mezarlık

墓地

kilise

教堂

oyun alanı

操場

tapınak

寺廟

# arazi

## 地形

yaprak
樹葉

yön tabelası
指示牌

yol
路

çayır
草地

taş
石頭

yürüyüşçü
徒步旅行者

ağaç
樹

ırmak
河

çimen
草

çiçek
花

vadi

峽谷

tepe

丘陵

göl

湖

orman

森林

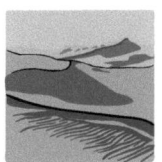

çöl

沙漠

volkan

火山

kale

城堡

gökkuşağı

彩虹

mantar

蘑菇

palmiye

棕櫚樹

sivrisinek

蚊子

sinek

蒼蠅

karınca

螞蟻

arı

蜜蜂

örümcek

蜘蛛

böcek

甲蟲

kurbağa

青蛙

sincap

松鼠

kirpi

刺蝟

yabani tavşan

野兔

baykuş

貓頭鷹

kuş

鳥

kuğu

天鵝

yaban domuzu

野豬

geyik

鹿

geyik

麋鹿

baraj

水壩

rüzgar türbini

風力發電機

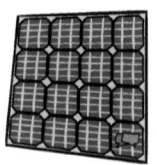

güneş paneli

太陽能電池板

iklim

氣候

# restoran
## 餐館

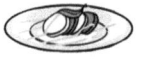

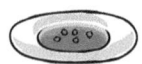

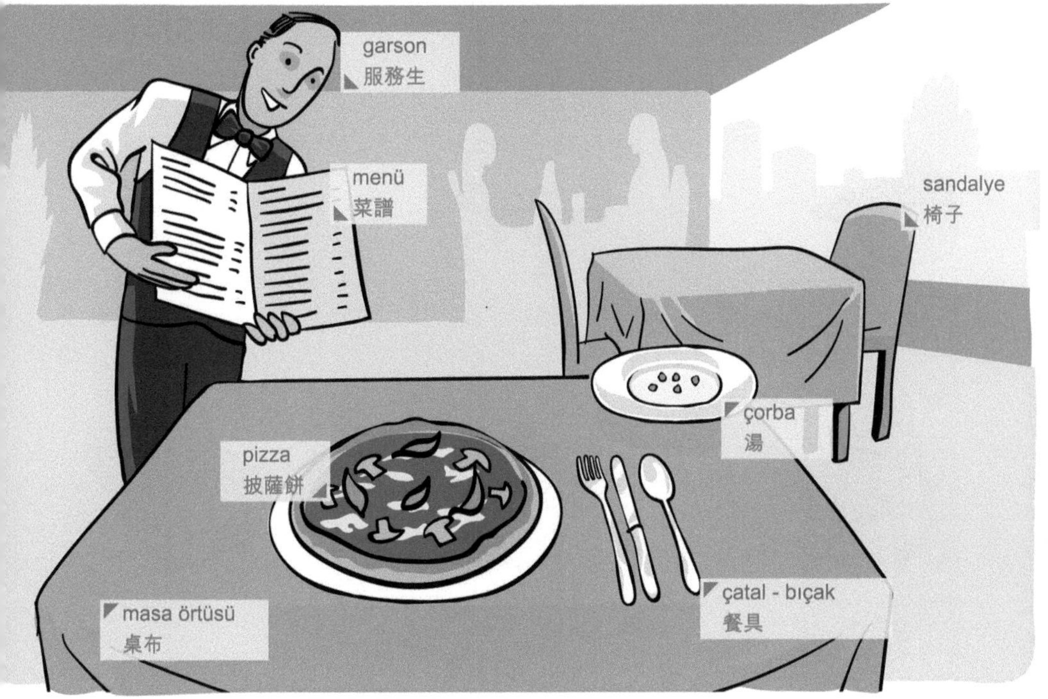

garson
服務生
menü
菜譜
sandalye
椅子
çorba
湯
pizza
披薩餅
masa örtüsü
桌布
çatal - bıçak
餐具


başlangıç

前菜

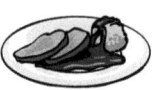

ana yemek

主菜

tatlı

甜點

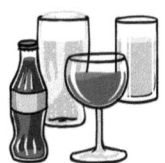

içecekler

飲料

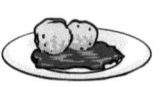

yemek

食物

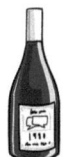

şişe

瓶子

fastfood

速食

sokak yemeği

街邊小吃

çaydanlık

茶壺

şekerlik

糖盒

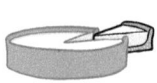

porsiyon

一份飯菜

espresso makinesi

義式咖啡機

mama sandalyesi

高腳椅

fatura

帳單

tepsi

托盤

bıçak

刀

çatal

餐叉

kaşık

勺子

çay kaşığı

茶匙

servis peçetesi

餐巾

bardak

玻璃杯

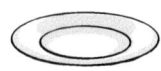

**tabak**

碟子

**çorba kasesi**

湯盤

**fincan altlığı**

碟子

**sos**

醬

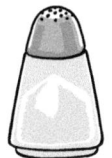

**tuzluk**

鹽瓶

**karabiber değirmeni**

胡椒研磨罐

**sirke**

醋

**yağ**

食用油

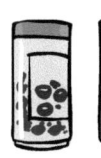

**baharat**

調味料

**ketçap**

番茄醬

**hardal**

芥末

**mayonez**

美乃滋

# süpermarket
## 超市

özel teklif
特價
FOR
müşteri
顧客
süt ürünleri
乳製品
meyve
水果
alışveriş arabası
購物車


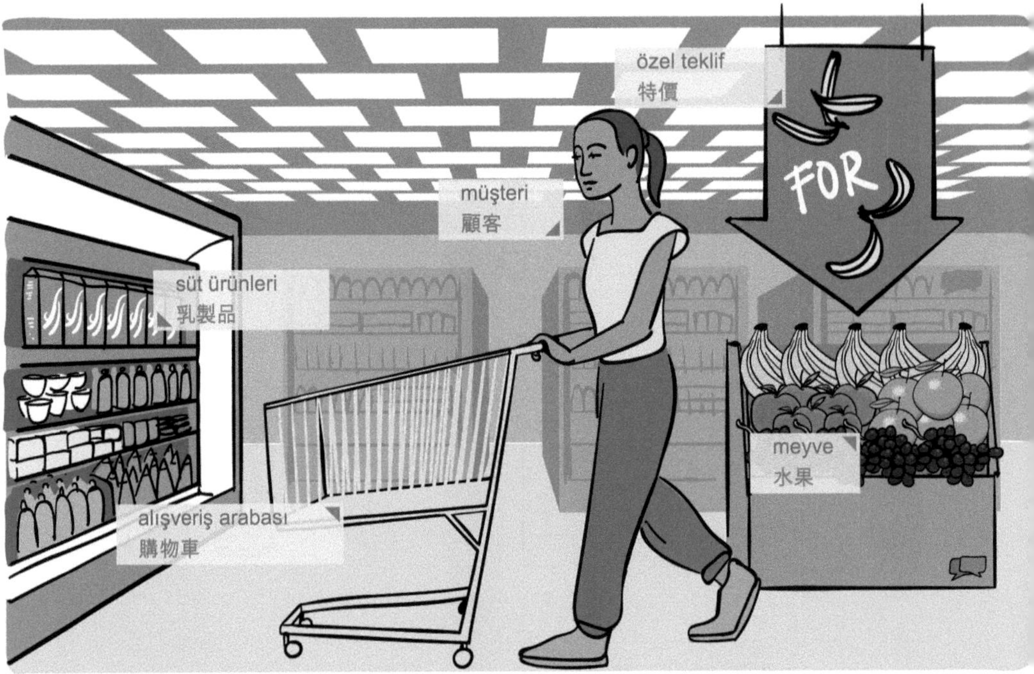

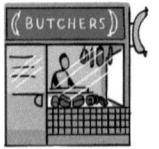

BUTCHERS


kasap
肉鋪

BAKERY


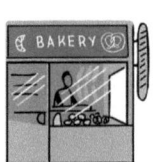

fırın
麵包店

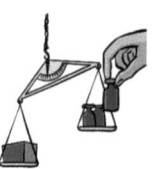

tartmak
稱重

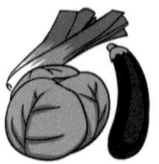

sebze
蔬菜

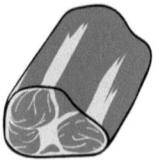

et
肉

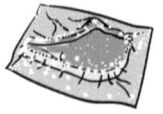

donmuş gıda
冷凍食品

söğüş et

冷盤

konserve yiyecek

罐頭食品

toz deterjan

洗衣粉

şekerlemeler

甜食

ev temizlik ürünleri

日用品

temizlik ürünleri

清潔用品

satış görevlisi

銷售員

yazar kasa

收銀機

kasiyer

收銀員

alışveriş listesi

購物清單

açılış saatleri

開放時間

cüzdan

錢包

kredi kartı

信用卡

çanta

袋子

plastik poşet

塑膠袋

su

水

meyve suyu

果汁

süt

牛奶

kola

可樂

şarap

紅酒

bira

啤酒

alkol

酒

kakao

可可

çay

茶

kahve

咖啡

espresso

義式濃縮咖啡

kapuçino

卡布奇諾

muz

香蕉

elma

蘋果

portakal

柳丁

kavun

西瓜

limon

檸檬

havuç

胡蘿蔔

sarımsak

大蒜

bambu

竹子

soğan

洋蔥

mantar

蘑菇

çerez

堅果

makarna

麵條

spagetti

義大利麵

pirinç

米飯

salata

沙拉

cips

薯條

patates kızartması

炸馬鈴薯

pizza

披薩餅

hamburger

漢堡

sandviç

三明治

şinitzel

炸豬排

pastırma

火腿

salam

義大利臘腸

sosis

香腸

tavuk

雞肉

rosto

烤肉

balık

魚

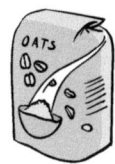

yulaf ezmesi

燕麥片

müsli

木斯里

mısır gevreği

玉米片

un

麵粉

kruvasan

牛角麵包

küçük ekmek

麵包捲

ekmek

麵包

tost

吐司

bisküvi

餅乾

tereyağı

奶油

kaymak

凝乳

kek

蛋糕

yumurta

蛋

sahanda yumurta

煎蛋

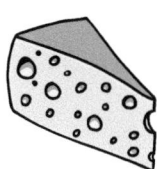

peynir

起司

dondurma

冰淇淋

şeker

糖

bal

蜂蜜

reçel

果醬

fındık ezmesi

巧克力醬

köri

咖哩

# çiftlik
# 農場

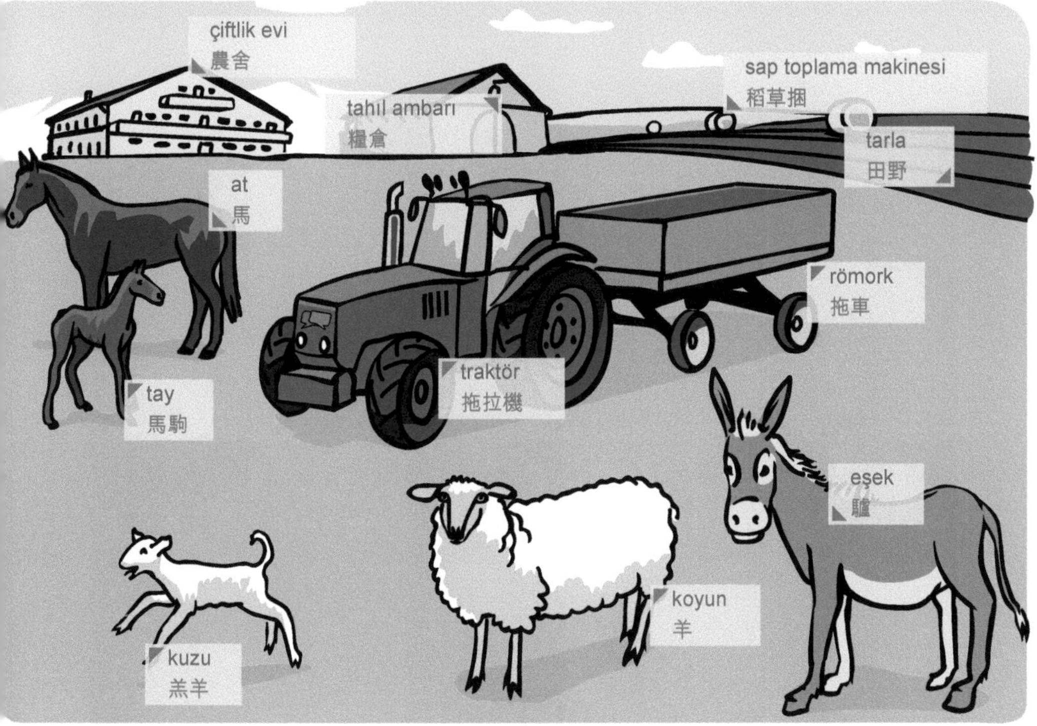

çiftlik evi
農舍
tahıl ambarı
糧倉
sap toplama makinesi
稻草捆
tarla
田野
at
馬
römork
拖車
traktör
拖拉機
tay
馬駒
eşek
驢
koyun
羊
kuzu
羔羊


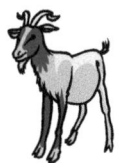

keçi

山羊

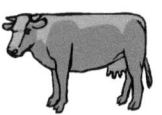

inek

奶牛

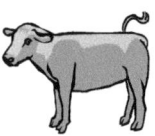

buzağı

小牛

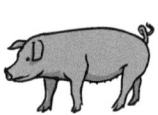

domuz

豬

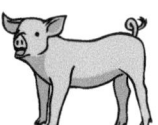

domuz yavrusu

小豬

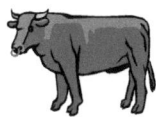

boğa

公牛

kaz

鵝

ördek

鴨

civciv

小雞

tavuk

母雞

horoz

公雞

sıçan

鼠

kedi

貓

fare

老鼠

öküz

牛

köpek

狗

köpek kulübesi

狗屋

bahçe hortumu

花園澆水軟管

sulama kabı

澆水壺

tırpan

長柄大鐮刀

pulluk

犁

orak

鐮刀

çapa

鋤頭

dirgen

長柄草耙

balta

斧頭

el arabası

獨輪手推車

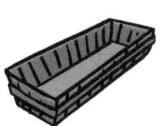

yemlik

飼料槽

süt kovası

牛奶罐

çuval

麻布袋

çit

柵欄

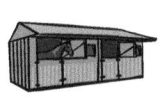

ahır

馬廄

sera

溫室

toprak

土壤

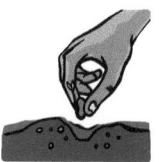

tohum

種子

gübre

肥料

biçerdöver

聯合收割機

hasat etmek

收割

harman

收割

tatlı patates

地瓜

buğday

小麥

soya

大豆

patates

土豆

mısır

玉米

kolza

油菜籽

meyve ağacı

果樹

manyok

樹薯

hububat

穀物

# ev
## 房子

baca
煙囪
çatı
屋頂
yağmur oluğu
落水管
pencere
窗戶
garaj
車庫
kapı zili
門鈴
kapı
門
çöp kutusu
垃圾桶
posta kutusu
信箱
bahçe
花園

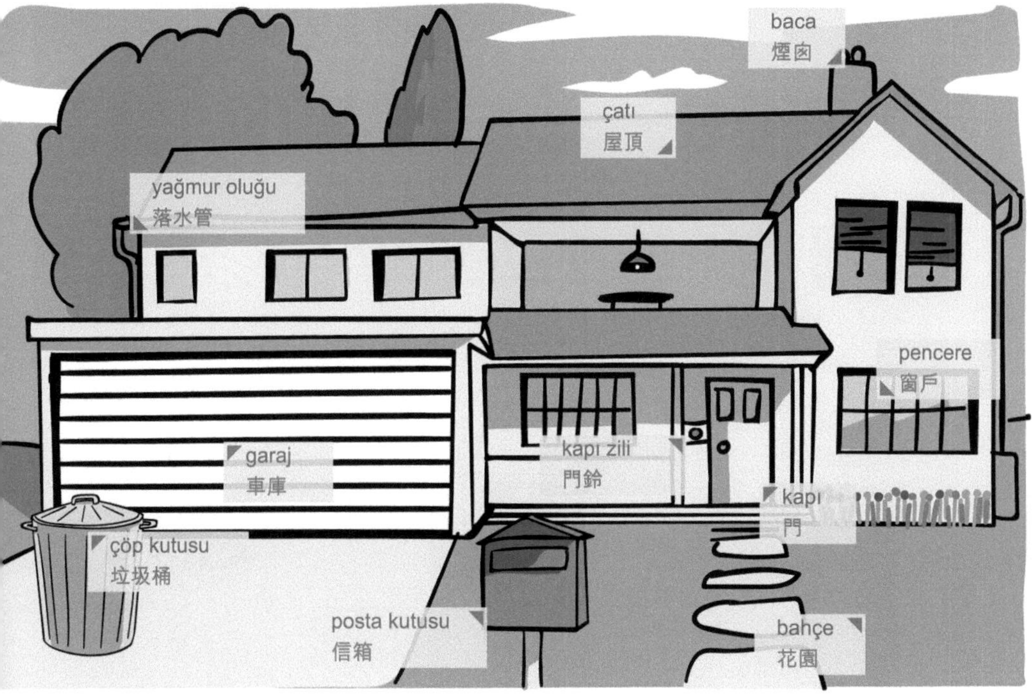

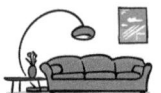

oturma odası

客廳

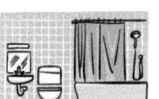

banyo

浴室

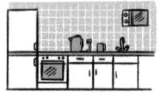

mutfak

廚房

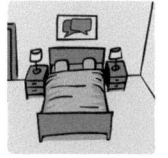

yatak odası

臥室

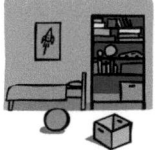

çocuk odası

兒童房

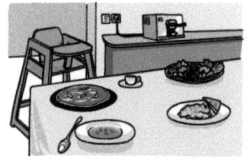

yemek odası

餐廳

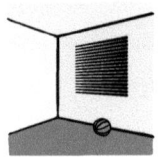

zemin

地板

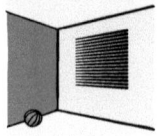

duvar

牆壁

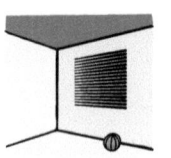

tavan

天花板

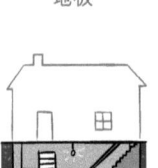

kiler

地窖

sauna

三溫暖

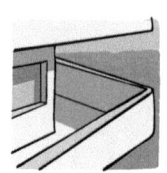

balkon

陽臺

teras

露臺

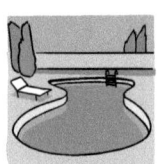

havuz

游泳池

çim biçme makinesi

割草機

çarşaf

被單

yatak örtüsü

床罩

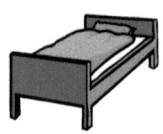

yatak

床

süpürge

掃帚

kova

水桶

anahtar

開關

# oturma odası

# 客廳

duvar kağıdı
壁紙
resim
相片
lamba
檯燈
raf
擱架
dolap
櫥櫃
televizyon
電視
şömine
壁爐
çiçek
花
minder
墊子
kanepe
沙發
vazo
花瓶
uzaktan kumanda
遙控器


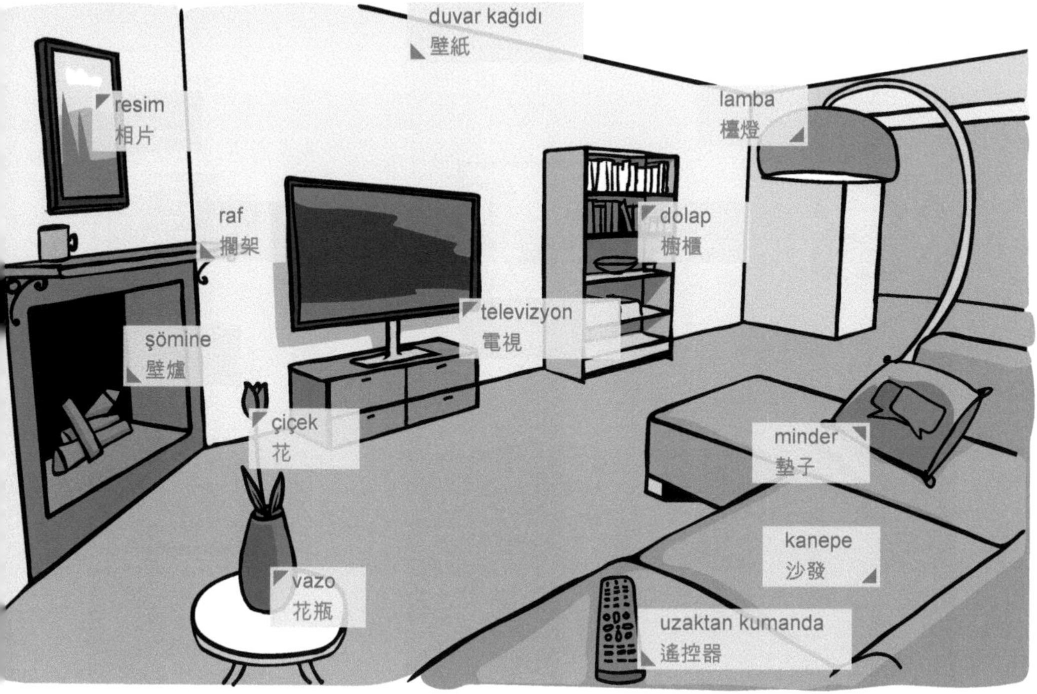

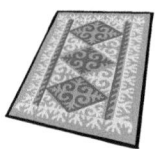

halı

地毯

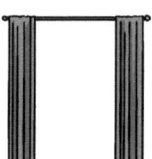

perde

窗簾

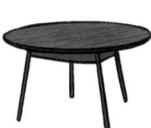

masa

餐桌

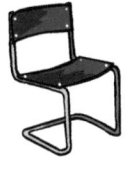

sandalye

椅子

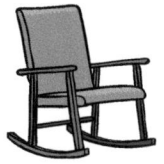

salıncaklı koltuk

搖椅

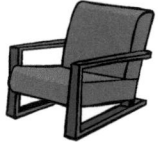

koltuk

扶手椅

kitap
書

battaniye
毯子

dekor
裝飾品

odun
木柴

film
電影

hi-fi
高傳真音響

anahtar
鑰匙

gazete
報紙

tablo
油畫

poster
海報

radyo
收音機

defter
筆記本

elektrikli süpürge
吸塵器

kaktüs
仙人掌

mum
蠟燭

# mutfak
## 廚房

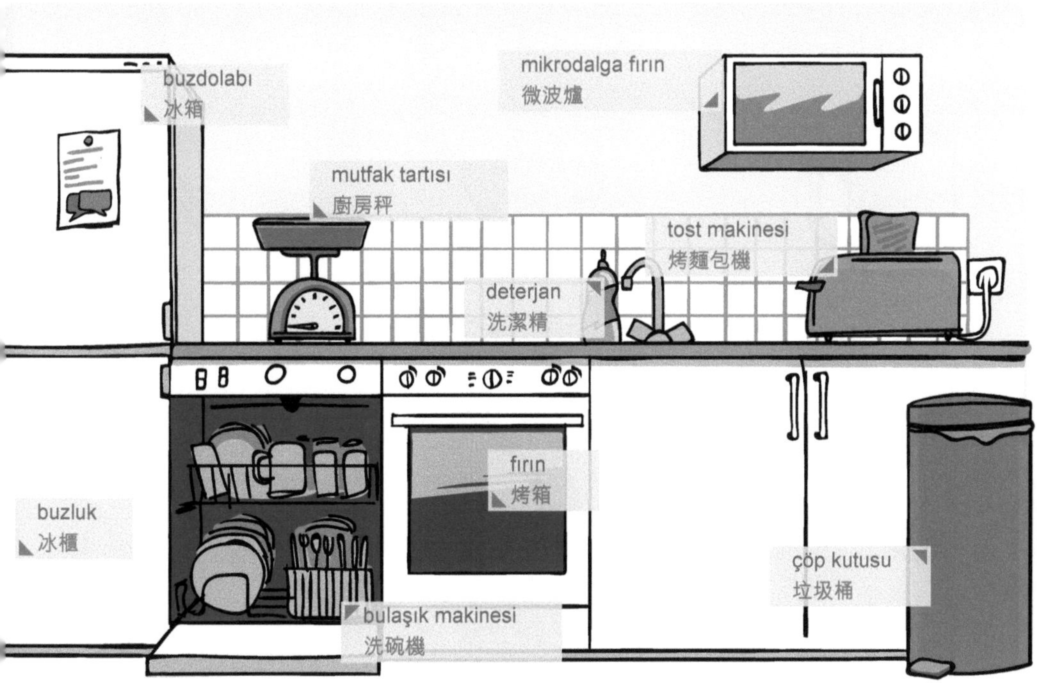
buzdolabı
冰箱
mikrodalga fırın
微波爐
mutfak tartısı
廚房秤
tost makinesi
烤麵包機
deterjan
洗潔精
fırın
烤箱
buzluk
冰櫃
çöp kutusu
垃圾桶
bulaşık makinesi
洗碗機

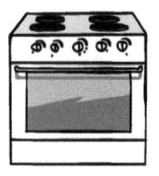

ocak
炊具

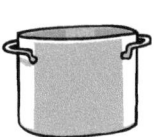

tencere
鍋

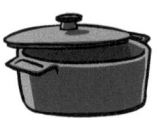

döküm tencere
鑄鐵鍋

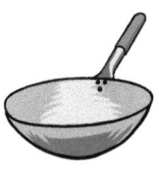

wok
炒鍋

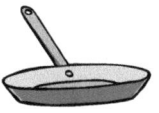

tava
平底鍋

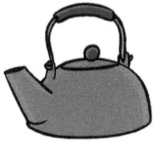

su ısıtıcı
水壺

buharlı pişirici

蒸鍋

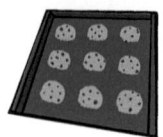

pişirme tepsisi

烤盤

tabak takımı

陶瓷鍋

kupa

馬克杯

kase

碗

çubuk (çin yemeği)

筷子

kepçe

長柄勺

spatula

鏟子

çırpma teli

攪拌器

süzgeç

濾網

elek

篩子

rende

磨碎機

havan

研缽

barbekü

燒烤

açık ateş

明火

**mutfak - 廚房**

kesme tahtası

菜板

merdane

擀麵杖

tirbüşon

開瓶器

konserve kutusu

罐子

konserve açacağı

開罐器

fırın eldiveni

隔熱手套

evye

水槽

fırça

刷子

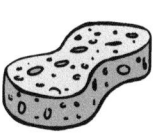

sünger

海綿

blender

攪拌機

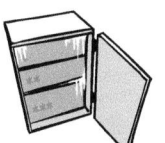

derin dondurucu

冷藏箱

biberon

奶瓶

musluk

水龍頭

# banyo
## 浴室

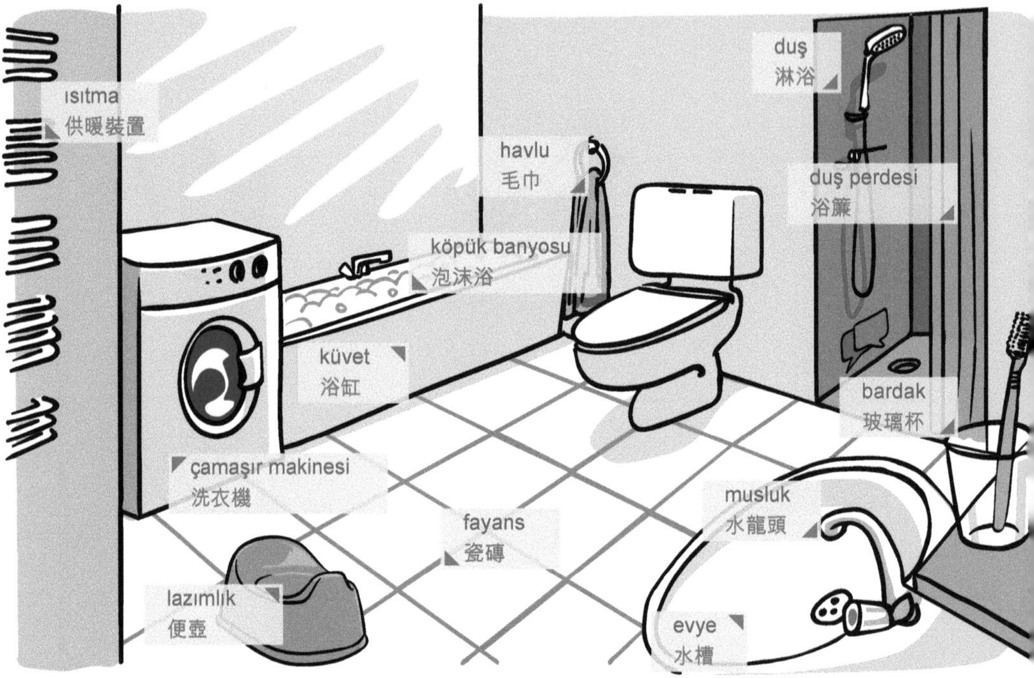

ısıtma
供暖裝置
duş
淋浴
havlu
毛巾
duş perdesi
浴簾
köpük banyosu
泡沫浴
küvet
浴缸
bardak
玻璃杯
çamaşır makinesi
洗衣機
musluk
水龍頭
fayans
瓷磚
lazımlık
便壺
evye
水槽


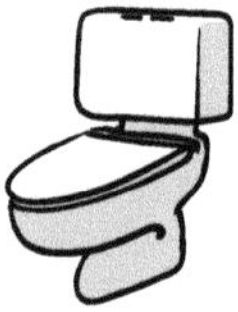
tuvalet
廁所

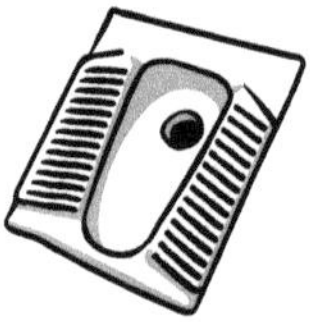
alaturka tuvalet
蹲便器

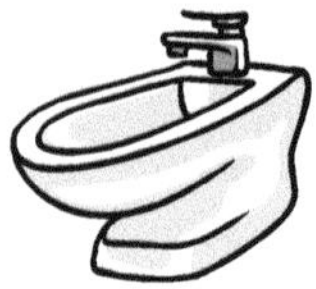
bide
坐浴器

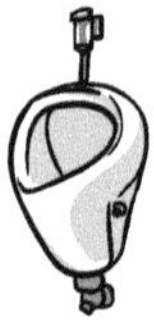
pisuvar
小便斗

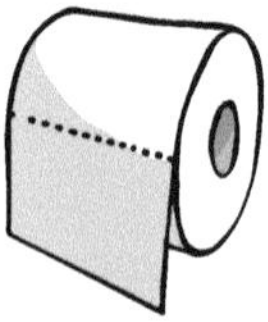
tuvalet kağıdı
廁紙

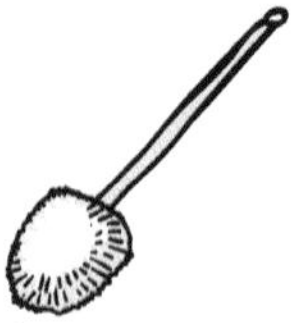
tuvalet fırçası
馬桶刷

diş fırçası

牙刷

diş macunu

牙膏

diş ipi

牙線

yıkamak

洗

duş başlığı

手持式蓮蓬頭

duş başlığı şeklinde taharet musluğu

沖洗器

küvet

洗臉盆

banyo fırçası

洗背刷

sabun

肥皂

duş jeli

沐浴露

şampuan

洗髮乳

banyo lifi

法蘭絨

gider

排水

krem

乳霜

deodorant

除臭劑

ayna

鏡子

el aynası

手鏡

jilet

刮鬍刀

tıraş köpüğü

刮鬍泡沫

tıraş losyonu

鬚後水

tarak

梳子

fırça

刷子

saç kurutma makinesi

吹風機

saç spreyi

噴髮定型劑

makyaj

化妝品

ruj

唇膏

tırnak cilası

指甲油

pamuk

化妝棉

tırnak makası

指甲剪

parfüm

香水

makyaj çantası

洗漱包

tabure

凳子

tartı

計重秤

bornoz

浴袍

lastik eldiven

橡膠手套

tampon

衛生棉條

kadın pedi

衛生棉

kimyevi tuvalet

化學廁所

# çocuk odası

## 兒童房

çalar saat
鬧鐘
peluş oyuncak
毛絨玩具
oyuncak araba
玩具車
çıngırak
撥浪鼓
bebek evi
玩具屋
hediye
禮物


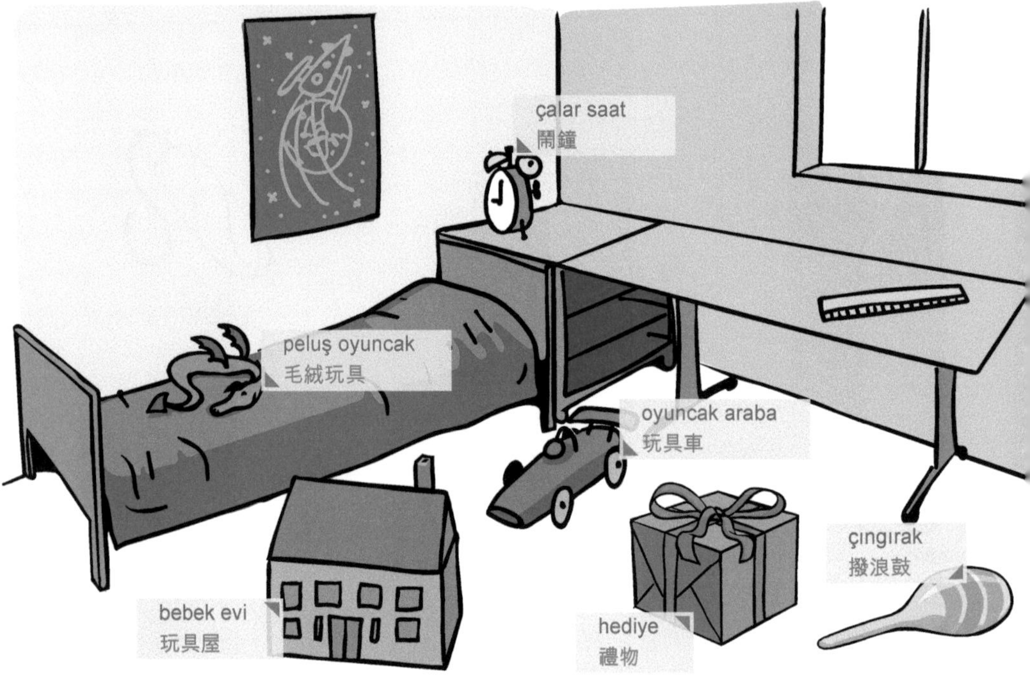

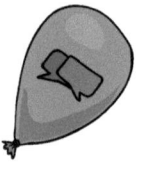

balon

氣球

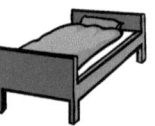

yatak

床

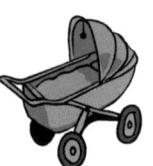

bebek arabası

嬰兒車

kart destesi

撲克牌

yapboz

拼圖

SUPER
MEGA


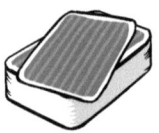

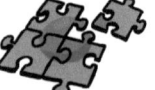

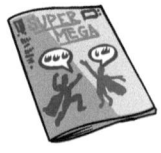

çizgi roman

漫畫

lego tuğlaları

樂高積木

lego blokları

積木玩具

aksiyon figürü

公仔

zıbın

嬰兒服

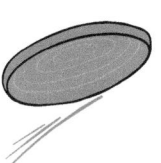

frizbi

飛盤

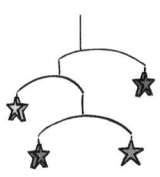

dönence

床鈴玩具

masa oyunu

棋盤遊戲

zar

骰子

model tren seti

火車模型

emzik

安撫奶嘴

parti

派對

resimli kitap

繪本

top

球

oyuncak bebek

洋娃娃

oynamak

玩

kum havuzu

沙坑

salıncak

鞦韆

oyuncaklar

玩具

video oyun konsolu

電玩遊戲

üç tekerlekli bisiklet

三輪車

oyuncak ayı

泰迪熊

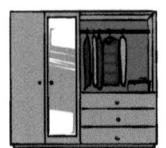

gardırop

衣櫃

## kıyafet

## 衣服

çorap

襪子

külotlu çorap

長襪

tayt

緊身褲

eşarp
圍巾

şemsiye
雨傘

tişört
T恤

kemer
皮帶

bot
靴子

terlik
拖鞋

spor ayakkabı
運動鞋

sandalet
涼鞋

ayakkabı
鞋

lastik çizme
雨靴

külot
內褲

sütyen
胸罩

yelek
背心

kıyafet - 衣服

45

dar bluz

身體

pantolon

褲子

kot pantolon

牛仔褲

etek

短裙

bluz

女式襯衫

gömlek

襯衫

kazak

套頭衫

süveter

連帽上衣

blazer

西裝夾克

ceket

夾克

mont

外套

yağmurluk

雨衣

kostüm

套裝

elbise

連衣裙

gelinlik

婚紗

kıyafet - 衣服

takım elbise

西裝

gecelik

睡袍

pijama

睡衣

sari

莎麗

baş örtüsü

頭巾

türban

包頭巾

burka

波卡

kaftan

卡夫坦

çarşaf

(阿拉伯式)長袍

mayo

泳衣

erkek mayosu

男式泳褲

şort

短褲

eşofman

運動服

önlük

圍裙

eldiven

手套

düğme

鈕扣

gözlük

眼鏡

bilezik

手鏈

kolye

項鍊

yüzük

戒指

küpe

耳環

kep

便帽

portmanto

衣架

şapka

帽子

kravat

領帶

fermuar

拉鍊

kask

安全帽

pantolon askısı

背帶

okul forması

校服

üniforma

制服

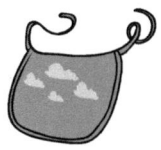

mama önlüğü

圍兜

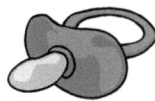

emzik

安撫奶嘴

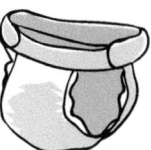

bebek bezi

尿布

# ofis

## 辦公室

sunucu
伺服器
dosya dolabı
檔案櫃
yazıcı
印表機
kağıt
紙
monitör
螢幕
fare
滑鼠
masa
辦公桌
klasör
資料夾
klavye
鍵盤
kağıt çöp kutusu
廢紙簍
bilgisayar
電腦
sandalye
椅子

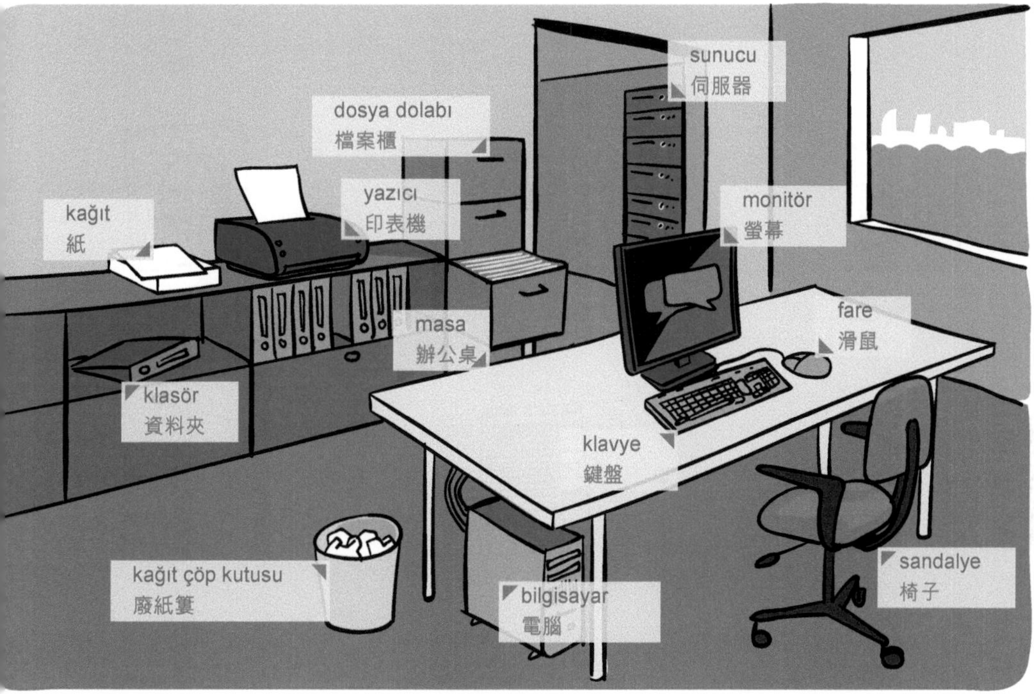

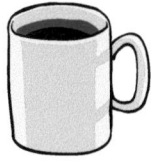

kahve fincanı

咖啡杯

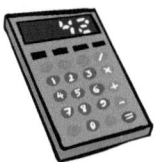

hesap makinesi

計算機

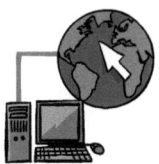

internet

網際網路

dizüstü

筆記型電腦

mektup

信件

mesaj

簡訊

cep telefonu

行動電話

ağ

網路

fotokopi makinesi

影印機

yazılım

軟體

telefon

電話

priz

插座

faks makinesi

傳真機

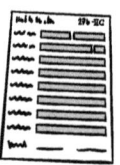

form

表格

belge

檔案

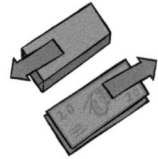

satın almak

買

ödemek

付錢

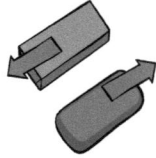

ticaret yapmak

交易

para

現金

dolar

美元

avro

歐元

yen

日元

ruble

盧布

İsviçre frangı

瑞士法郎

Çin yuanı

人民幣

rupi

盧比

kasa

提款處

döviz bürosu

外幣兌換處

altın

金

gümüş

銀

petrol

石油

enerji

能源

fiyat

價格

kontrat

合約

vergi

稅金

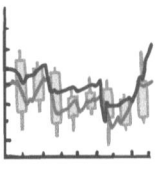

menkul değer

股票

çalışmak

工作

işveren

職員

işçi

老闆

fabrika

工廠

mağaza

商店

polis memuru
警官

itfaiyeci
消防員

aşçı
廚師

doktor
醫師

pilot
飛行員

bahçivan

園丁

marangoz

木匠

terzi

裁縫

hakim

法官

kimyager

化學家

aktör

演員

otobüs şoförü

公車司機

taksi şoförü

計程車司機

balıkçı

漁夫

temizlikçi

清洗女工

çatı ustası

屋頂工

garson

服務生

avcı

獵人

boyacı

畫家

fırıncı

麵包師

elektrikçi

電工

inşaatçı

建築工人

mühendis

工程師

kasap

屠夫

muslukçu

水管工

postacı

郵差

asker

士兵

mimar

建築師

kasiyer

收銀員

çiçekçi

花農

kuaför

理髮師

kondüktör

售票員

tamirci

機械技師

kaptan

船長

dişçi

牙醫

bilim insanı

科學家

haham

拉比

imam

伊瑪目

keşiş

和尚

rahip

牧師

# aletler
## 工具

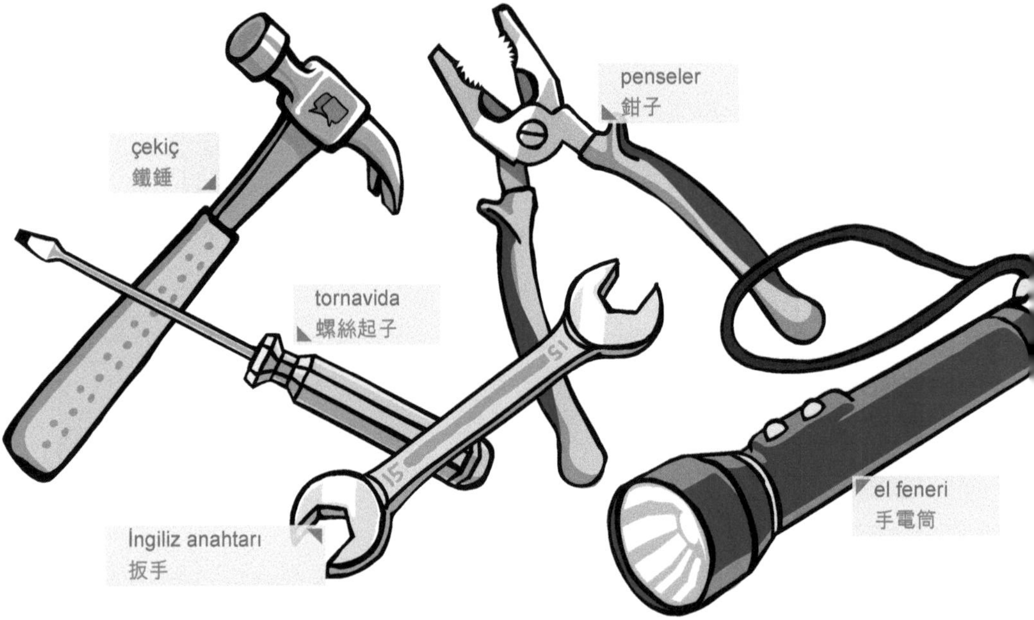

çekiç
鐵錘
penseler
鉗子
tornavida
螺絲起子
el feneri
手電筒
İngiliz anahtarı
扳手


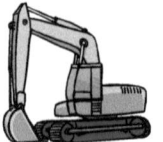

kazı makinesi

挖掘機

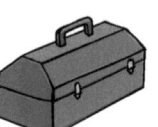

alet çantası

工具箱

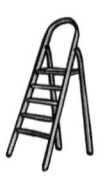

merdiven

梯子

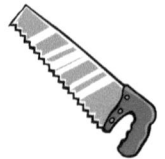

testere

鋸子

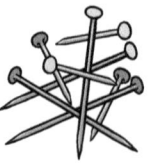

çiviler

釘子

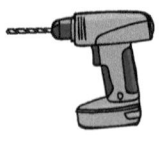

matkap

鑽機

tamir etmek
修

kürek
鏟子

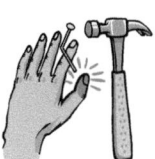

Kahretsin!
糟糕！

faraş
畚箕

boya tenekesi
油漆桶

vidalar
螺絲

## müzik enstrümanı
## 樂器

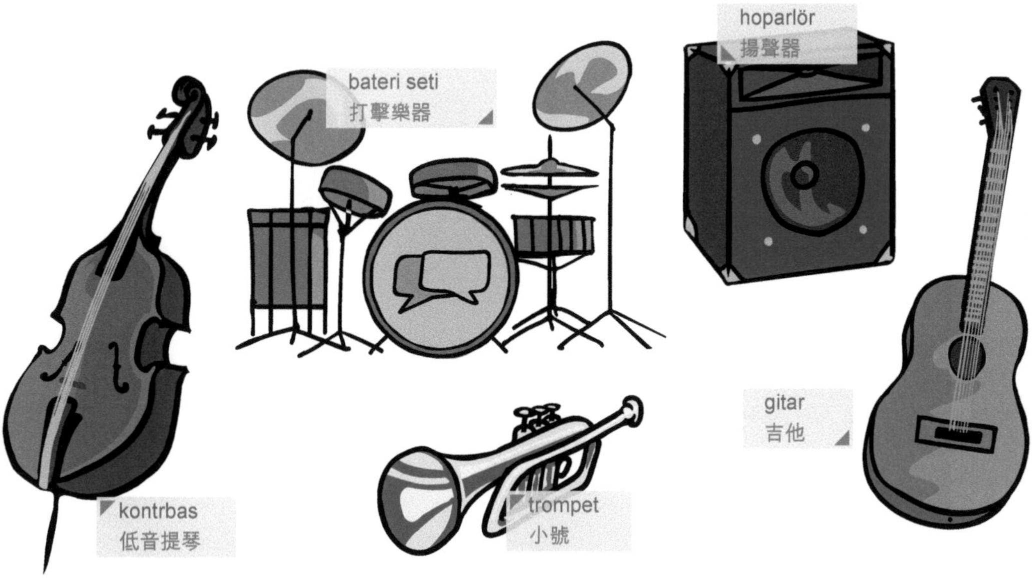

hoparlör
揚聲器

bateri seti
打擊樂器

gitar
吉他

kontrbas
低音提琴

trompet
小號

piyano

鋼琴

keman

小提琴

basgitar

貝斯

timpani

定音鼓

bateri

鼓

klavye

電子琴

saksafon

薩克斯風

flüt

長笛

mikrofon

麥克風

# hayvanat bahçesi

## 動物園

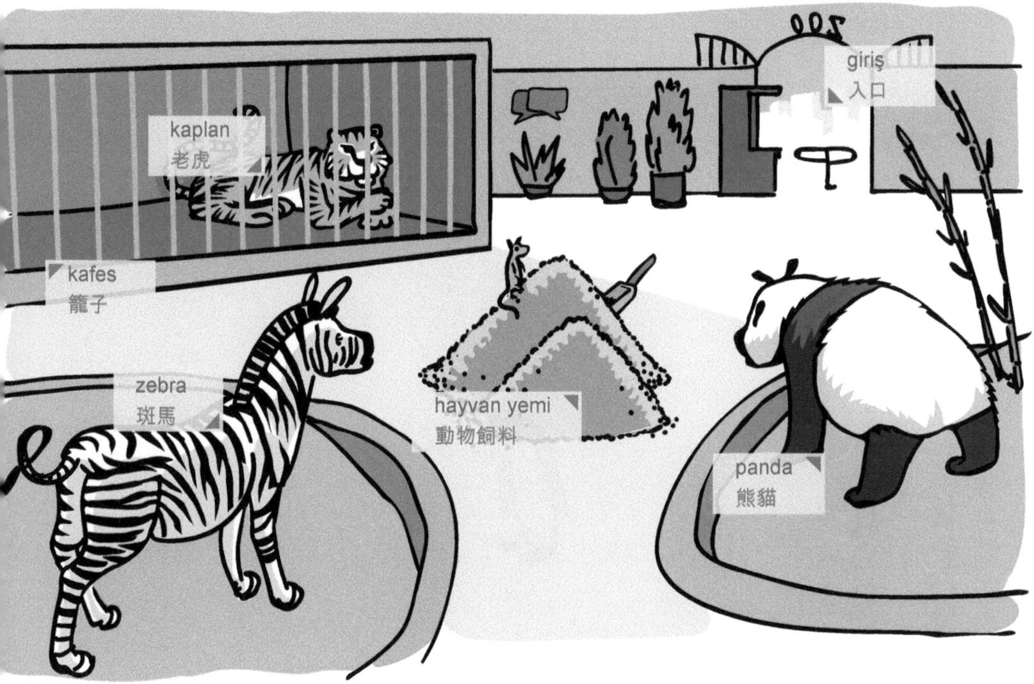

kaplan
老虎
kafes
籠子
zebra
斑馬
hayvan yemi
動物飼料
giriş
入口
panda
熊貓


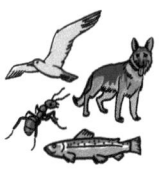

hayvanlar
動物

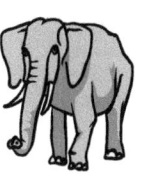

fil
大象

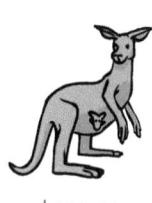

kanguru
袋鼠

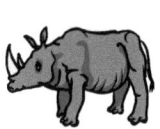

gergedan
犀牛

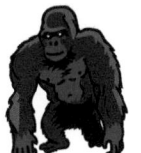

goril
大猩猩

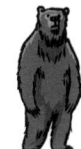

ayı
熊

deve

駱駝

deve kuşu

鴕鳥

aslan

獅子

maymun

猴子

flamingo

紅鶴

papağan

鸚鵡

kutup ayısı

北極熊

penguen

企鵝

köpek balığı

鯊魚

tavus kuşu

孔雀

yılan

蛇

timsah

鱷魚

hayvanat bahçesi görevlisi

動物園管理員

fok

海豹

jaguar

美洲豹

midilli atı

矮種馬

leopar

豹

su aygırı

河馬

zürafa

長頸鹿

kartal

老鷹

yaban domuzu

野豬

balık

魚

kaplumbağa

龜

mors

海象

tilki

狐狸

ceylan

羚羊

amerikan futbolu
橄欖球

bisiklete binme
騎腳踏車

tenis
網球

basketbol
籃球

yüzme
游泳

buz hokeyi
冰球

boks
拳擊

futbol
美式足球

badminton
羽毛球

atletizm
田徑

hentbol
手球

kayak
滑雪

polo
馬球

# etkinlikler
## 活動

atlamak
跳
sarılmak
擁抱
gülmek
笑
yürümek
走路
söylemek
唱
hayal etmek
做夢
dua etmek
祈禱
öpmek
親吻


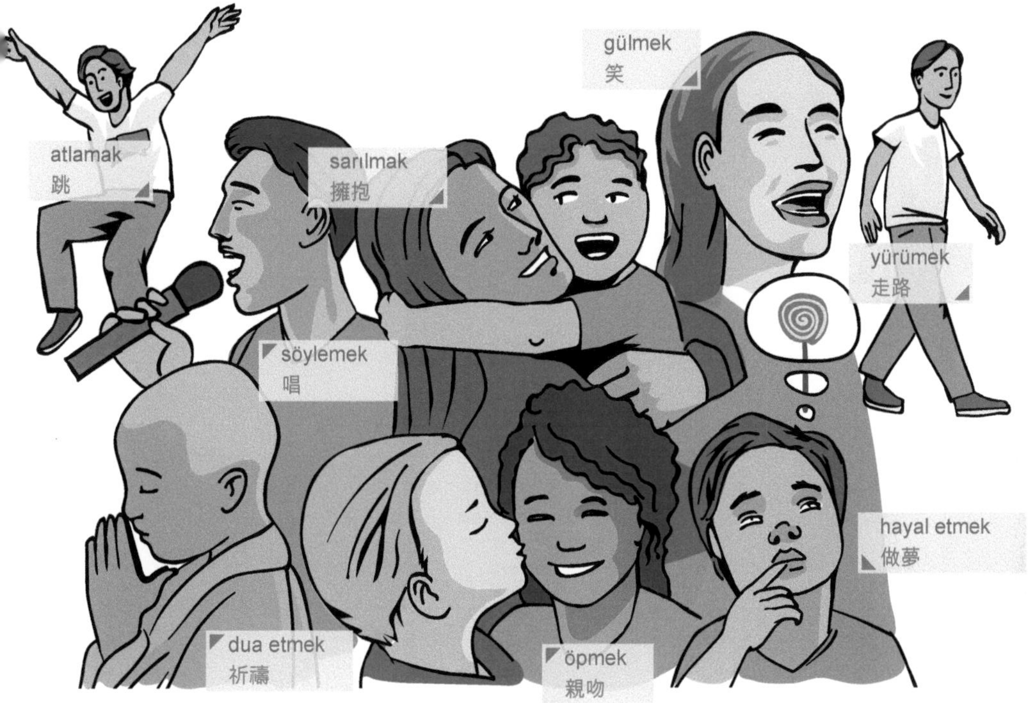

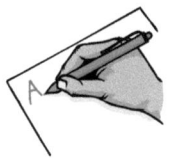

yazmak
書寫

çizmek
畫

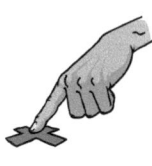

göstermek
展示

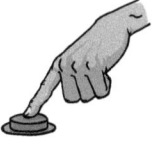

itmek
推

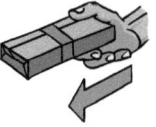

vermek
給

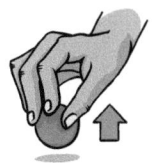

almak
拿

sahip olmak
有

yapmak
做

olmak
當

ayakta durmak
站

koşmak
跑

çekmek
拉

atmak
丟

düşmek
摔倒

yalan söylemek
躺

beklemek
等待

taşımak
攜帶

oturmak
坐

giyinmek
穿衣

uyumak
睡覺

uyanmak
醒來

bakmak

看

ağlamak

哭

vurmak

擊

taramak

梳頭

konuşmak

交談

anlamak

明白

sormak

問

dinlemek

聽

içmek

喝

yemek

吃

düzenlemek

清理

sevmek

愛

pişirmek

做飯

sürmek

開車

uçmak

飛

denize açılmak

航行

hesapla

計算

okumak

讀

öğrenmek

學習

çalışmak

工作

evlenmek

結婚

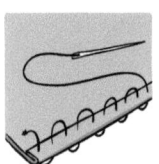

dikmek

縫

diş fırçalamak

刷牙

öldürmek

殺

sigara içmek

抽菸

yollamak

寄

# aile
# 家

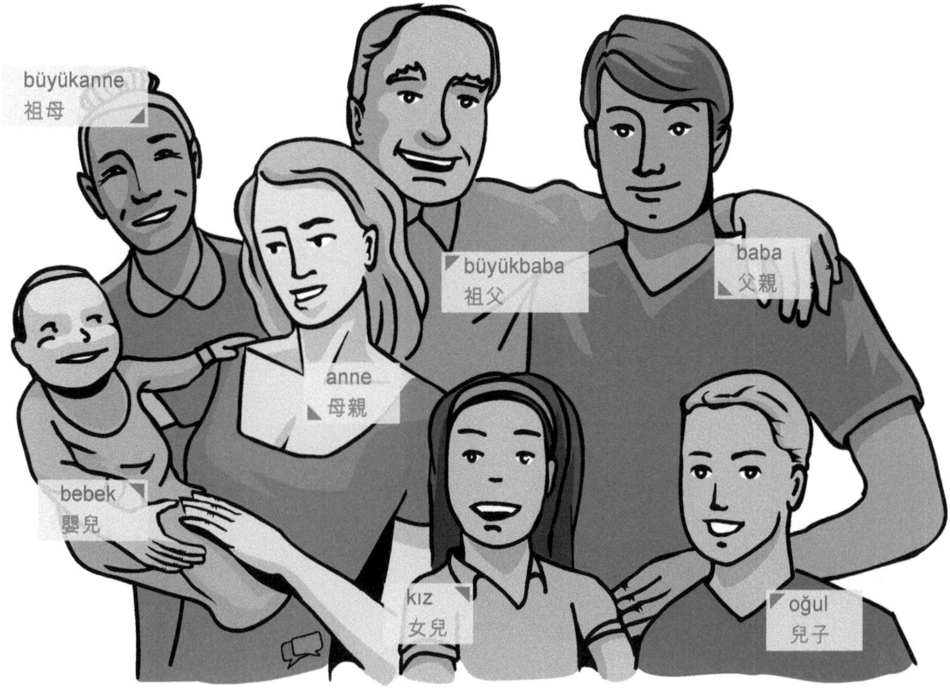

büyükanne
祖母
büyükbaba
祖父
baba
父親
anne
母親
bebek
嬰兒
kız
女兒
oğul
兒子


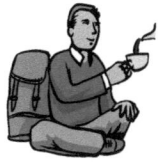

misafir

客人

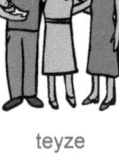

teyze

阿姨

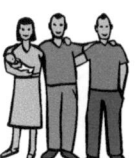

amca

叔叔

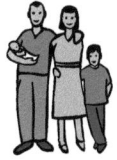

erkek kardeş

兄弟

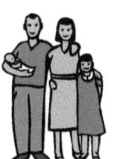

kız kardeş

姐妹

# vücut

# 身體

alın
前額
göz
眼睛
omuz
肩膀
parmak
手指
yüz
臉
çene
下巴
el
手
bacak
腿
göğüs
乳房
kol
手臂


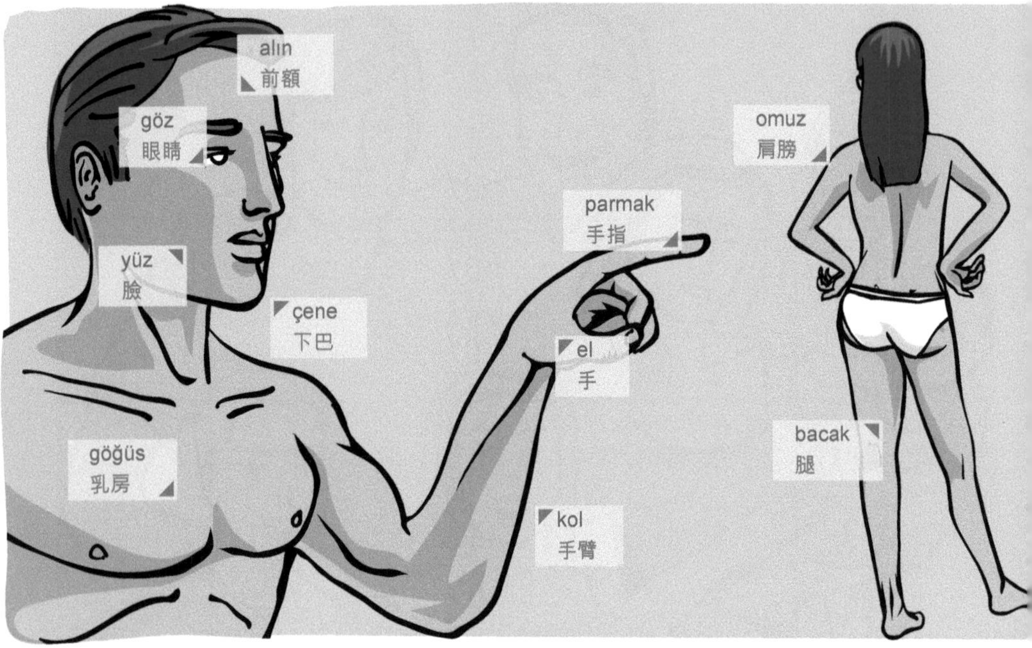

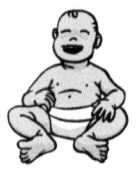

bebek

嬰兒

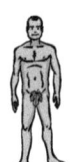

adam

男人

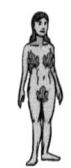

kadın

女人

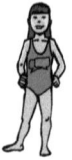

kız

女孩

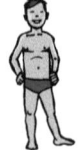

erkek çocuk

男孩

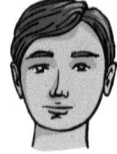

baş

頭

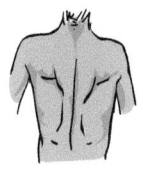

sırt

背部

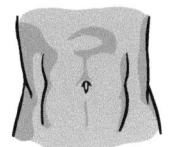

karın

肚子

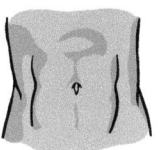

göbek

肚臍

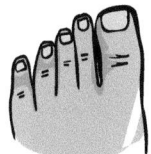

ayak parmağı

腳趾

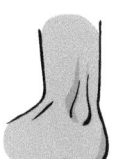

topuk

腳後跟

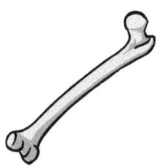

kemik

骨頭

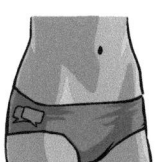

kalça

臀部

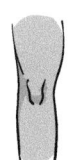

diz

膝蓋

dirsek

手肘

burun

鼻子

kalça

屁股

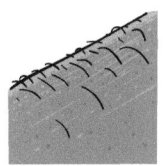

deri

皮膚

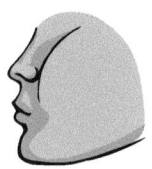

yanak

臉頰

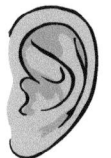

kulak

耳朵

dudak

嘴唇

ağız

嘴

diş

牙齒

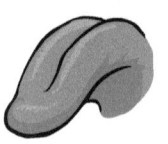

dil

舌頭

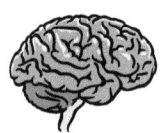

beyin

腦

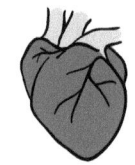

kalp

心臟

kas

肌肉

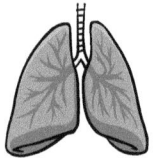

akciğer

肺

karaciğer

肝臟

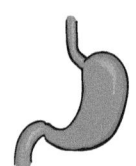

mide

胃

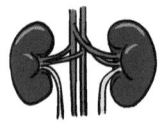

böbrekler

腎臟

seks

性交

prezervatif

保險套

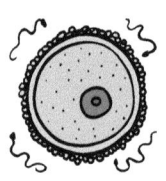

yumurtalık

卵子

sperm

精子

hamilelik

懷孕

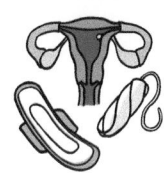

regl

月事

vajina

陰道

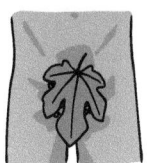

penis

陰莖

kaş

眉毛

saç

頭髮

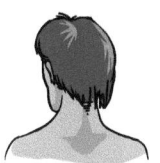

boyun

脖子

hastane
醫院

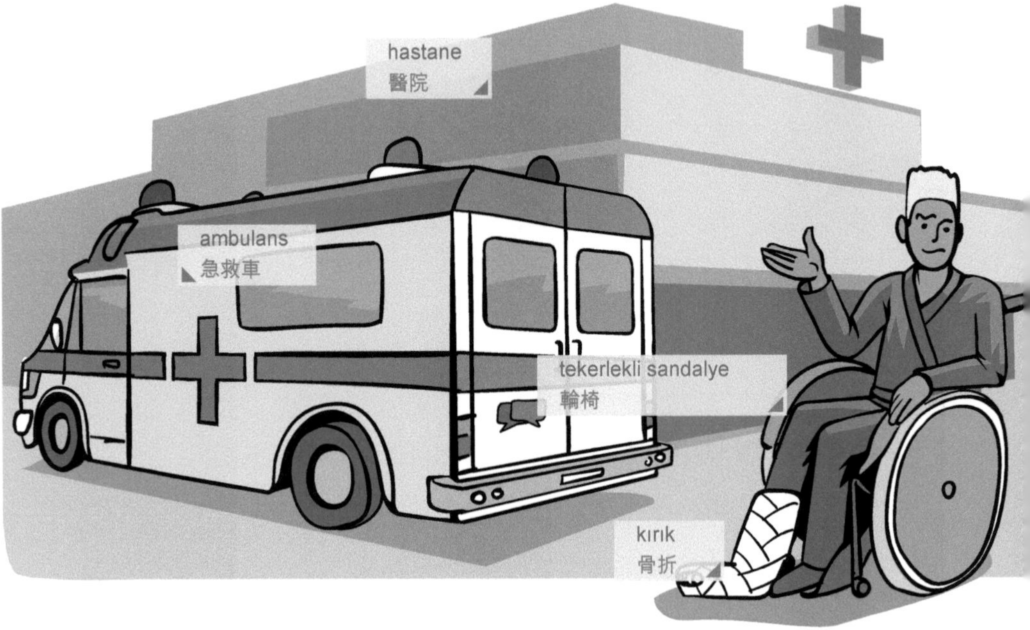

ambulans
急救車

tekerlekli sandalye
輪椅

kırık
骨折

doctor 取消 — doktor
醫師

acil servis
急診室

hemşire
護理師

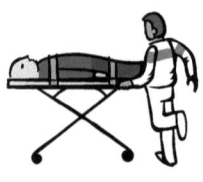

acil
緊急情形

baygın
昏迷

acı
痛

yaralanma

受傷

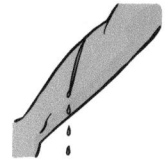

kanama

出血

kalp krizi

心臟病發作

felç

中風

alerji

過敏

öksürük

咳嗽

ateş

發燒

grip

流感

ishal

腹瀉

baş ağrısı

頭痛

kanser

癌症

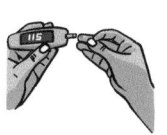

şeker hastalığı

糖尿病

cerrah

外科醫師

neşter

手術刀

operasyon

手術

bilgisayarlı tomografi

電腦斷層掃描

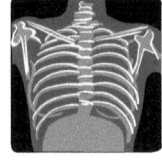

röntgen

X光

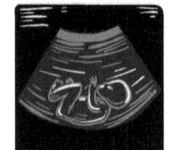

ultrason

超音波

yüz maskesi

口罩

hastalık

疾病

bekleme odası

候診室

koltuk değneği

拐杖

yara bandı

石膏

bandaj

繃帶

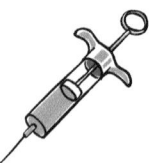

enjeksiyon

注射

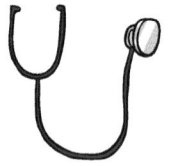

steteskop

聽診器

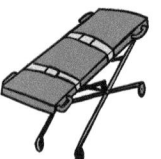

sedye

擔架

tıbbi termometre

體溫計

doğum

出生

fazla kilo

超重

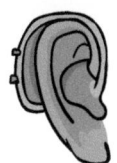

işitme cihazı

助聽器

dezenfektan

消毒液

enfeksiyon

感染

virüs

病毒

HIV / AIDS

愛滋病

ilaç

藥物

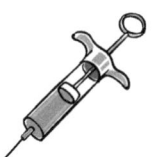

aşı

接種疫苗

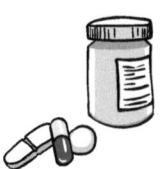

tablet

藥片

hap

藥丸

acil çağrı

急救電話

tansiyon aleti

血壓計

hasta / sağlıklı

生病/健康

İmdat!

救命！

alarm

警報

darp

突擊

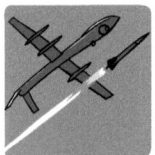

saldırı

攻擊

tehlike

危險

acil çıkış

緊急出口

Yangın!

失火了！

yangın tüpü

滅火器

kaza

意外

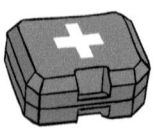

ilk yardım çantası

急救箱

imdat

呼救訊號

polis

員警

Avrupa

歐洲

Kuzey Amerika

北美洲

Güney amerika

南美洲

Afrika

非洲

Asya

亞洲

Avustralya

澳洲

Atlantik

大西洋

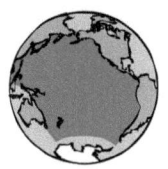

Pasifik

太平洋

Hint Okyanusu

印度洋

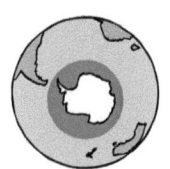

Antarktika Okyanusu

南冰洋

Arktik Okyanusu

北冰洋

Kuzey Kutbu

北極

Güney Kutbu

南極

Antarktika

南極洲

dünya

地球

kara

陸地

deniz

海

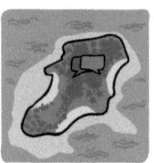

ada

島

ulus

國家

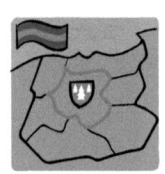

ülke

州

kadran

錶盤

akrep

時針

yelkovan

分針

saniye ibresi

秒針

Saat kaç?

現在幾點？

gün

天

zaman

時間

şimdi

現在

dijital saat

電子錶

dakika

分

saat

時

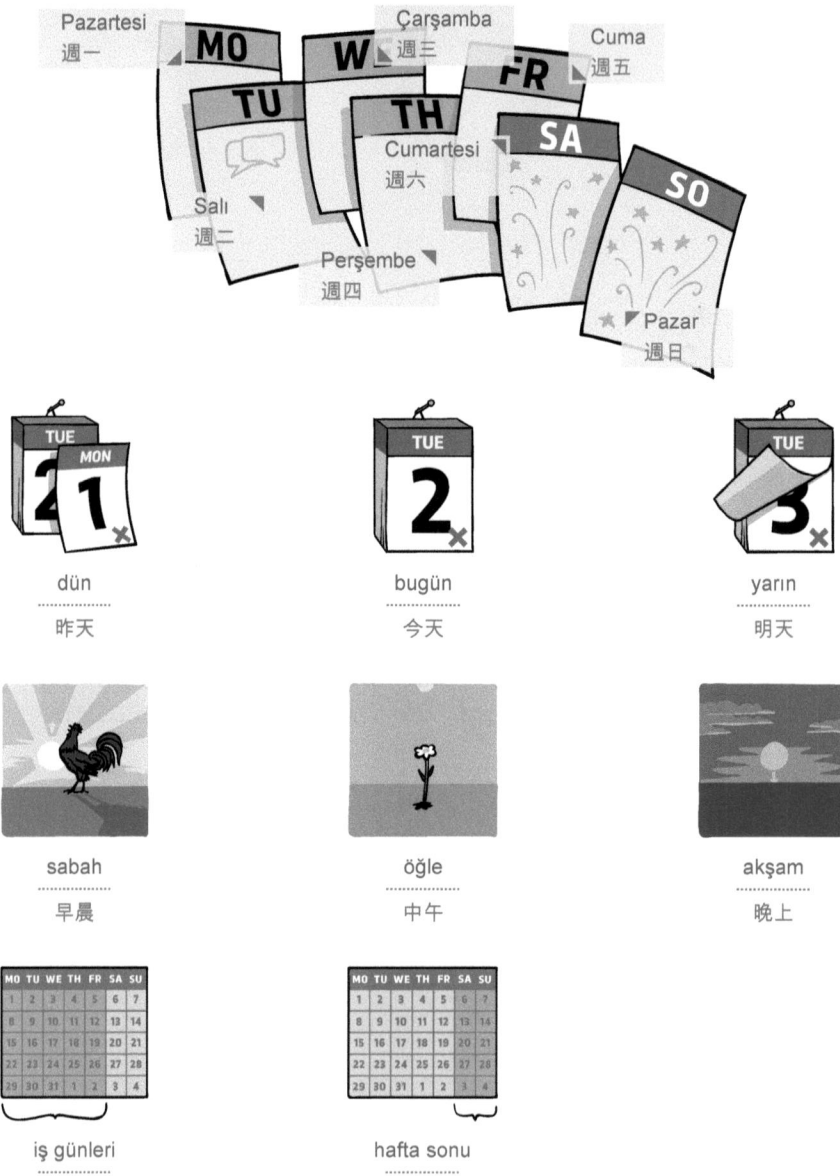

Pazartesi 週一

Çarşamba 週三

Cuma 週五

Salı 週二

Perşembe 週四

Cumartesi 週六

Pazar 週日

dün
昨天

bugün
今天

yarın
明天

sabah
早晨

öğle
中午

akşam
晚上

iş günleri
工作日

hafta sonu
週末

# yıl
# 年

yağmur
雨
gökkuşağı
彩虹
rüzgar
風
kara
雪
bahar
春
yaz
夏
sonbahar
秋
kış
冬

4.APRIL 11°
5.APRIL 4°
6.APRIL 13°
7.APRIL 8°
8.APRIL 10°

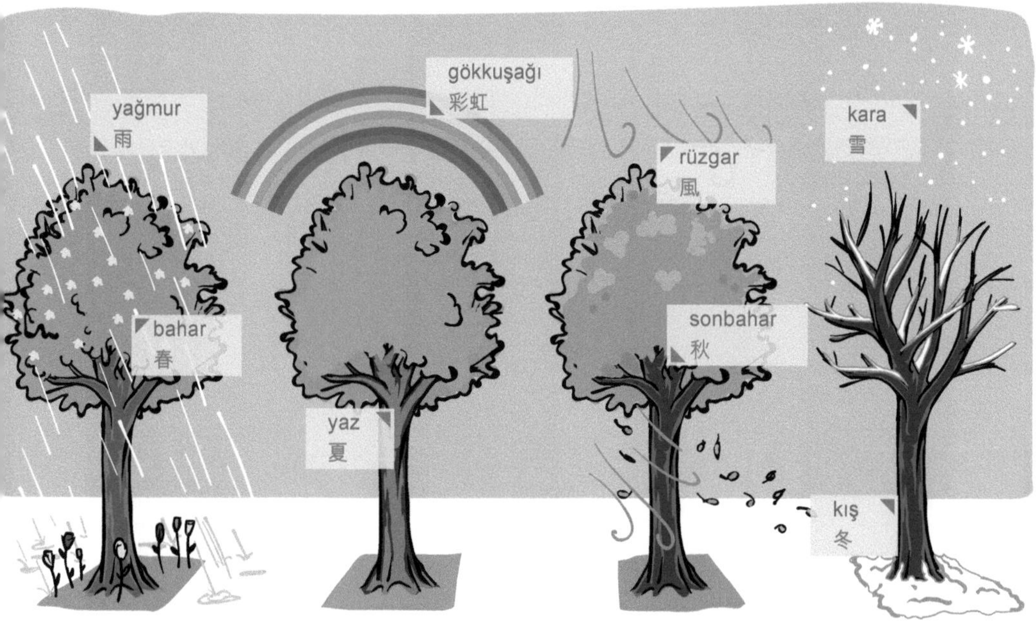

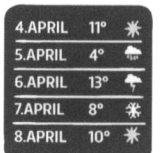

hava durumu tahmini

天氣預告

F C
120 40
90 30
60 20
30 10
0 0
-30 -10
-20

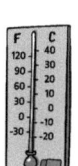

termometre

溫度計

güneş ışığı

陽光

bulut

雲

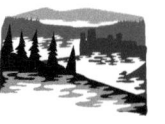

sis

霧

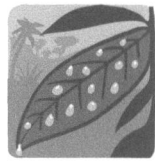

nem

潮濕

şimşek

閃電

gök gürültüsü

打雷

fırtına

風暴

dolu

冰雹

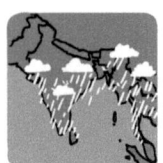

muson

季風

sel

洪水

buz

冰

Ocak

一月

Şubat

二月

Mart

三月

Nisan

四月

Mayıs

五月

Haziran

六月

Temmuz

七月

Ağustos

八月

yıl - 年

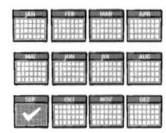

Eylül

九月

Ekim

十月

Kasım

十一月

Aralık

十二月

## şekiller

## 形狀

daire

圓形

kare

正方形

dikdörtgen

長方形

üçgen

三角形

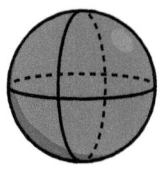

küre

球體

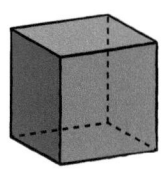

küp

立方體

beyaz

白

sarı

黃

turuncu

橙

pembe

粉

kırmızı

紅

mor

紫

mavi

藍

yeşil

綠

kahverengi

棕

gri

灰

siyah

黑

çok / az

很多/少許

kızgın / sakin

生氣/平靜

güzel / çirkin

美/醜

başlangıç / son

首/尾

büyük / küçük

大/小

parlak / karanlık

明/暗

erkek kardeş / kız kardeş

兄弟/姐妹

temiz / kirli

乾淨/骯髒

tamam / eksik

完整/缺失

gün / gece

白天/晚上

ölü / canlı

死/生

geniş / dar

寬/窄

yenilebilir / yenilemez

可食用/非食用

kötü / iyi

邪惡/善良

heyecanlı / sıkılmış

興奮/無聊

şişman / zayıf

胖/瘦

ilk / son

第一/最後

dost / düşman

朋友/敵人

dolu / boş

滿/空

sert / yumuşak

硬/軟

ağır / hafif

重/輕

açlık / susuzluk

餓/渴

hasta / sağlıklı

生病/健康

yasa dışı / yasal

非法/合法

zeki / aptal

聰明/愚笨

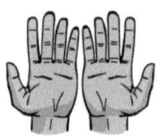

sol / sağ

左/右

yakın / uzak

近/遠

yeni / kullanılmış

新/舊

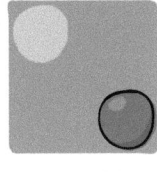

hiçbir şey / bir şey

沒有/有些

yaşlı / genç

老/幼

açma / kapama

開/關

açık / kapalı

打開/闔上

sessiz / gürültülü

安靜/吵鬧

zengin / fakir

富/窮

doğru / yanlış

對/錯

pürüzlü / düz

粗糙/光滑

üzgün / mutlu

傷心/高興

kısa / uzun

短/長

yavaş / hızlı

慢/快

ıslak / kuru

濕/乾

sıcak / serin

溫暖/涼爽

savaş / barış

戰爭/和平

# sayılar
## 數字

**0**
sıfır
零

**1**
bir
一

**2**
iki
二

**3**
üç
三

**4**
dört
四

**5**
beş
五

**6**
altı
六

**7**
yedi
七

**8**
sekiz
八

**9**
dokuz
九

**10**
on
十

**11**
on bir
十一

## 12
on iki
十二

## 13
on üç
十三

## 14
on dört
十四

## 15
on beş
十五

## 16
on altı
十六

## 17
on yedi
十七

## 18
on sekiz
十八

## 19
on dokuz
十九

## 20
yirmi
二十

## 100
yüz
百

## 1.000
bin
千

## 1.000.000
milyon
百萬

İngilizce

英語

Amerikan İngilizcesi

美式英語

Çince (Mandarin)

普通話

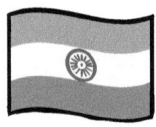

Hintçe

印地語

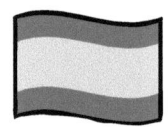

İspanyolca

西班牙語

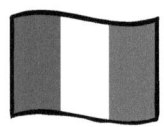

Fransızca

法語

Arapça

阿拉伯語

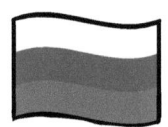

Rusça

俄語

Portekizce

葡萄牙語

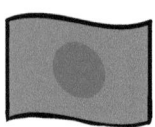

Bengalce

孟加拉語

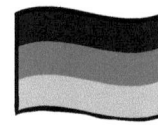

Almanca

德語

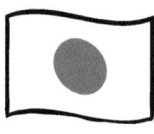

Japonca

日語

ben

我

sen

你

o

他/她/它

biz

我們

siz

你們

onlar

他們

kim?

誰？

ne?

什麼？

nasıl?

如何？

nerede?

何處？

ne zaman?

何時？

isim

名字

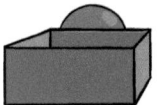

arkasında

後面

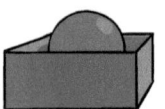

içinde

裡面

önünde

前面

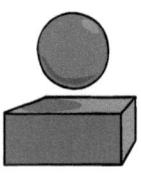

üzerinde

上方

üstünde

上面

altında

下麵

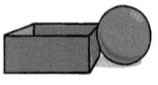

yanında

旁邊

arasında

中間

yer

地點